Sennett, Richard

LA CULTURA DEL NUEVO CAPITALISMO

CAPÍTULO 3   POLÍTICA DE CONSUMO

¿Está la nueva economía creando una nueva política?

La desigualdad está adquiriendo una nueva configuración en términos de riqueza material y de experiencia de trabajo. Robert Reich habla de una sociedad de dos niveles en la que los "dueños de la información", la "élite de las habilidades" y las "analistas simbólicos" se alejan cada vez más de la estancada clase media.

Touraine dice que entre los trabajadores se da una diferencia entre los que encuentran lugar en una economía fragmentada y la clase obrera tradicional, que tiene menos margen de maniobra. El nuevo modelo institucional no les proporciona seguridad laboral ni política.

En la era del capitalismo social, las tensiones económicas producían un resentimiento, que es la sensación de que la gente que ha seguido las reglas ha sido maltratada. Este resentimiento puede traducirse en condescendencia hacia la elite o en odio a los judíos o cualquier otro enemigo. La religión y el patriotismo podían transformarse en armas de venganza. El resentimiento puede explicar el paso de trabajadores centroizquierdistas a posiciones de extrema derecha. Pero el resentimiento no puede explicar la relación entre política y economía. La economía cumple una función de magisterio. Se explorará la manera en que la gente consume para explicar la forma en que la gente escoge a los políticos.

En 2004 Wal Mart ocupaba a 1,4 millones de trabajadores y tenía ingresos que representaban el 2% del PBI de EE.UU. Esta compañía ha innovado en sus proveedores inspirándose en la fabricación china de desarrollo rápido y tecnología de avanzada. Su productividad deriva de la "permanente innovación gerencial". Ha concentrado el poder en la central, ha liquidado los sindicatos y ha tratado a sus trabajadores como empleados temporales.

El atractivo de este emporio reside en que todo lo que se desee comprar barato está en un mismo sitio. La centralización de pedidos, que todo está instantáneamente a mano, la eliminación de los vendedores y de capas medias hace que la decisión de qué producto comprar gire en torno a la imaginación y la mercadotecnia mundial.

¿La gente elige a los políticos como elige en Wal Mart? El control centralizado de las organizaciones políticas ¿creció a expensas de la política local y el rol mediador de los partidos? Si se responde afirmativamente, entonces el corazón de la política resulta ser la mercadotecnia, lo que no parece ser bueno. La política requiere de mediación y discusión. Hoy se usan todas las trampas de la publicidad para colocar personalidades e ideas de los políticos en el mercado. El político se presenta de forma tal que su compra sea fácil.

Wal Mart ha oprimido a sus trabajadores pero ofrece productos a bajo precio ¿deberíamos desdeñar la política barata? Según Sennet, esta política podría reprimir a la democracia local pero potenciar la fantasía individual, estimular la imaginación para el cambio. Para el autor se debe conservar una mente abierta a la manera en que hoy los políticos se someten a la mercadotecnia así como las instituciones que los comercializan, a pesar de que para él la pérdida de la política local sea una herida mortal.

La pasión que se autoconsume

Los atenienses separaban la actividad económica (el ágora) del espacio donde se practicaba la política (el pnix). Para ellos la actividad económica debilitaba la capacidad del pueblo para la política. Para Platón la economía opera sobre la necesidad, la política sobre la justicia y el derecho. En los siglos XVI y XVII el comercio parecía ser más pacífico que la pasión política. El marxismo retoma la idea de que la economía consume la energía necesaria para la política. Las privaciones materiales y los rigores del trabajo fabril excluyen a los obreros de la capacidad de imaginar una forma distinta de vida colectiva. Ese rol debía cumplirlo una vanguardia revolucionaria, el partido. Hoy, esa proposición negativa tiene otro sentido que refiere más a la vida cotidiana que a la teoría.

En lenguaje poético una pasión que nos consume puede ser una pasión que se autodestruye. Cuando utilizamos las cosas, las gastamos, las consumimos. A poco tiempo de haberlas comprado nuestro interés por ellas decae. Hoy la economía fortalece este tipo de pasión que se autoconsume, en los supermercados como en la política. Un sociólogo explicaría esta transformación social como un cambio en las instituciones, como la perdida de importancia de la tierra o las casas heredadas como base de la riqueza.

En la pasión que se autoconsume se dan la mano el hartazgo y el derroche. En el siglo XVIII la producción mecánica redujo el coste e incrementó el volumen de bienes ordinarios. Sólo a mediados del siglo XIX podía ocurrírsele a alguien tirar unos zapatos gastados antes que repararlos. La producción mecánica, sin embargo no explica el posterior desgaste del placer en la posesión.

En el siglo XX se propusieron dos explicaciones. La primera fue la del "motor de la moda", que plantea que la publicidad y los medios de comunicación moldean los deseos de la gente creando insatisfacción con lo que se tiene. En este caso el mal es la mercadotecnia. La segunda es la de la "obsolescencia planificada", que decía que se producían bienes para que no duraran. El mal estaba en la producción. Ambas explicaciones dan al consumidor un rol pasivo. Pero los cambios en el trabajo y la búsqueda de talento muestran que los individuos pueden estar implicados de un modo más activo en la pasión que se autoconsume.

El cambio en las burocracias del trabajo muestran la fragilidad de la posesión que una persona tiene de su puesto, El trabajo no es una posesión ni tiene un contenido preciso (flexibilización). La gente puede competir ferozmente por un puesto pero el lugar no es un fin en si mismo. Cuando las instituciones están en constante reinvención, las identidades laborales se gastan, se agotan. El marco moderno da al talento una proyección afín a la pasión que se autoconsume.

En los sectores avanzados de la tecnología, la medicina y las finanzas, las habilidades fijas son desafiadas. Hacer algo bien por el hecho mismo de hacerlo bien resulta incómodo. La organización flexible premia las habilidades transferibles, la capacidad de trabajar en problemas diversos. La búsqueda de talento se centra en la gente con habilidad para resolver problemas prescindiendo del contexto.

En el consumo de bienes esa experiencia se legitima. Cuando la gente compra parece deseable alentar la pasión que se autoconsume en dos sentidos: uno directo, la marca y otro más sutil, la potencialidad de las cosas

Marcas y potencia

Sharon Zukin ha formulado el dilema de la compra de la siguiente manera: "El consumidor carece del conocimiento de la producción que tenían las generaciones anteriores". La persona que trata de comprar de modo inteligente debe tener una modesta comprensión de las diferentes técnicas de producción. En otras palabras, el consumidor moderno necesita pensar como un artesano sin la capacidad para hacer lo que hace el artesano.

Esto podría ser cierto. En Wal Mart el consumidor debe saber algo para poder elegir. Pero en otras formas de mercadotecnia se busca evitar que el consumidor piense como el artesano. El sistema de marcas trata de que un producto básico parezca distinto.

La fabricación despliega a nivel mundial una PLATAFORMA de bienes a la que se le imponen cambios superficiales hasta convertirlos en un producto de una marca determinada. No se trata de un proceso de producción masiva dado que la tecnología ha permitido transformar rápidamente formas, tamaños y redecorar los bienes (cosa imposible en la antigua cadena de montaje).

Los fabricantes llaman DORADO a vender algo básicamente estandarizado agregando valor en diferencias de poca monta y de diseño fácil y rápido. LA MARCA TIENE QUE IMPRESIONAR MÁS QUE LA COSA MISMA. Para los fabricantes el problema reside en como hacer rentable la diferenciación. Un Skoda y un Audi comparten el 90% de su ADN industrial pero su precio difiere en un 100%. ¿Cómo se valorizó ese 10% de de diferencia? Lo mismo ocurre, por ejemplo, entre un pasaje en clase *bussiness* y en clase turista. El viaje es el mismo, pero en lugar de realzar la utilidad (cosa que haría el consumidor artesano), las empresas tratan de realzar las diferencias para producir ganancia.

En la publicidad de un Skoda se muestra al objeto en sí mismo, en la de un Audi se pone de relieve la "experiencia de conducir. Se descontextualiza con el fin de destruir cualquier asociación entre ambos coches en la mente del comprador. Esto equivale a decir que el pasajero de clase *bussines* vuela más rápido que el que va en clase turista.

El DORADO ha cambiado los términos de la obsolencia planificada. Antes se pensaba a la CALIDAD TOTAL, en una realidad productiva en la que los consumidores aceptaban productos defectuosos como normales. Hoy la producción automatizada ha transformado a la CALIDAD TOTAL en un hecho normal. El problema reside en que, una vez logrado ese alto nivel, la demanda de un producto languidece. Ha cambiado la participación del consumidor en la MAGNIFICACIÓN DE LAS DIFERENCIAS. Para el consumidor el estímulo reside en "ir de un sitio a otro" sin importar que las cosas que compra sean las mismas. Las formas más sofisticadas de la publicidad son "marcos sin terminar" que incitan al consumidor a participar. Se lo atrae movilizado por su propia imaginación: al consumir participa en el acto de crear una marca. En ese acto importa más el DORADO que la PLATAFORMA.

La participación imaginativa no es exclusiva de estos tiempos. Marx en el Capital ya hablaba del FETICHISMO DE LA MERCANCÍA, describía como las cosas mundanas eran revestidas mágicamente de significados humanos. El consumidor agregaba permanentemente cosas a su colección a los que no deseaba renunciar. Hoy, el consumidor no vive la renuncia a un objeto como una pérdida. La renuncia refiere al proceso de búsqueda. Así aparece la PASIÓN QUE SE AUTOCONSUME. Una persona utilitarista preferiría vivir en un mundo funcional. El artesano se preocuparía por que los bienes sólo fuesen buenos. Sennet se pregunta si esto es bueno o si sería mejor apostar ala imaginación, como una forma de libertad.

Un segundo signo de la pasión por el consumo reside en la POTENCIA. Los consumidores compran equipamientos con capacidades que nunca utilizarán íntegramente (discos rígidos enormes, autos súper veloces, etc.). Se trata de consumidores de potencia. Desde siempre los inversores se han visto impulsados por la creencia irracional del poder de los objetos (por ejemplo la inversión en las empresas punto com). El atractivo de este tipo de consumo está en el incremento del capital mediante la explotación de posibilidades que otros no han previsto.

Un ejemplo del consumo de potencia es el iPod con capacidad para almacenar diez mil canciones. ¿De donde saldrá el tiempo para escogerlas o bajarlas? Cuando un estudio del walkman, antecesor del iPod mostraba que una persona escuchaba una y otra vez entre veinte y treinta canciones. Pero el atractivo del iPod consiste justamente en tener más de lo que una persona puede llegar a utilizar. Hay una identificación del comprador con la sobredimensionada capacidad de las máquinas. Esa es la razón por la cual las máquinas ejercen tanta atracción. En modo abstracto: el deseo se moviliza cuando la potencia se divorcia de la práctica. En modo concreto: no limites lo que deseas a lo que puedes hacer[1].

LA PASIÓN POR EL CONSUMO ADOPTA DOS FORMAS: COMPROMISO ACTIVO EN LA IMAGINACIÓN Y ESTIMULACIÓN MEDIANTE LA POTENCIA

El consumidor puede perder el sentido de la proporción y tomar como objeto real de valor el dorado y no la plataforma. La celebración de la potencia crea riesgos para las empresas y los

---

[1] Wal Mart también sirve como ejemplo, bajo un mismo techo hay más de lo que cualquier persona podría comprar.

individuos. La ideología de la potencia puede volver vulnerables a las compañías cuando los inversores ven en ellas cierta indefinible posibilidad de crecimiento. Es la historia de las fusiones y adquisiciones de empresas que se deshacen de cosas que funcionaban bien. Los consumidores se dan placer en las cosas, cosa que un utilitarista no haría. Sennet se pregunta si la gente no se libera soñando más allá de los límites, trascendiendo lo que uno sabe, usa o necesita. La pasión por consumir, propone, podría ser otro nombre de la libertad.

El ciudadano como consumidor

Dos empresas, Seros y Media Lab, parten de la premisa de que el utilitarismo coarta el espíritu de innovación. Ambas, rompiendo con los modelos mecanicistas de investigación, han logrado extraordinarios resultados sobre la base de una naturaleza democrática.

Hannah Arendt planteaba que el técnico del poder es enemigo del pueblo. En democracia todo ciudadano debería tener derecho a opinar sea o no experto. No debería funcionar el test de utilidad, que pone más énfasis en lo que es que en lo que debería ser. Arendt propone su versión de la pasión por el consumo: opone al procedimiento de los juristas y adhiere a una visión del derecho consuetudinario que deja más espacio a la innovación. Cree que la fuerza de voluntad se nutre de fuentes que residen más allá de las representaciones de la vida cotidiana. Se remonta al ideal democrático de Jefferson según el cual los ciudadanos se rebelan cada dos generaciones, abandonando antiguos hábitos convertidos en rutina.

Una cultura como la nuestra, con tan poco apego a la posesión debería reforzar el proyecto progresista. El tiempo de posesión de las instituciones debería acortarse como en el proceso productivo. Sin embargo, las nuevas instituciones no producen una política progresista. Como en el teatro y el consumo hay una suspensión voluntaria del descreimiento. Walt Mart es un teatro, la superabundancia de bienes modifica la comprensión de las cosas que tiene el consumidor- espectador. Para este el uso posesivo es menos estimulante que el deseo de cosas que todavía no posee. La dramatización de la potencia lo lleva a desear cosas que no puede utilizar plenamente.

Igualmente teatral es la política progresista. Exhibe una suspensión voluntaria del descreimiento de los ciudadanos, pero esto tiene un sentido negativo. Lo que falla es la comprensión del papel debilitante que cumple la ilusión en la sociedad moderna. La paradoja es que la gente puede acceder activamente a su propia pasividad.

MANERAS EN QUE EL CONSUMIDOR-ESPECTADOR-CIUDADANO SE ALEJA DE LA POLÍTICA PROGRESISTA Y SE ACERCA A UNA ACTITUD PASIVA

LA PLATAFORMA POLÍTICA → La política moderna adopta una forma parecida al proceso productivo una extensa plataforma común (a la que se llama consenso) y una gran cantidad de pequeñas diferencias a las que se sobredimensiona. Por ejemplo el laborismo y conservadurismo en Inglaterra proponen lo mismo: política pro empresarial, inclusión social y una ambivalencia frente a la inmigración. En EEUU demócratas y republicanos se comportan de modo muy parecido al llegar al poder, aunque en las campañas parezcan opuestos. Durante los gobiernos de Reagan y Clinton hubo una continuidad, lo único "arendtiano" fueron algunas sentencias sobre aborto, delincuencia y segregación racial. Una plataforma centrista permite un desarrollo económico favorable a la globalización, a flexibilidad y la meritocracia (neoliberalismo). El elemento común es el papel del estado, que lejos de debilitarse mantiene un rol de dirección. Pero, lo mismo que en las empresas, poder y autoridad se separan. La burocracia centraliza el poder y se niega a hacerse responsable de los ciudadanos. La política progresista, en cambio supone un proyecto común y responsabilidad. El nuevo orden institucional huye de la responsabilidad y presenta su indiferencia como libertad individual.

DORADO → A medida que el Estado adquiere esta nueva plataforma, la retórica tiene que insistir en las diferencias. Estas son las que estimulan a los votantes y a los medios. La forma más simple de dorado es magnificar los símbolos. Por ejemplo, en Inglaterra el debate sobre la caza de zorros consumió setecientas horas de debate, mientras la creación de un Tribunal Supremo solo llevó dieciocho. La exaltación simbólica de trivialidades es la consonancia entre publicidad de productos y comportamiento político. Esta superposición tiene sus consecuencias: la obsesión por las características personales que enmascaran la realidad de la plataforma de consenso. Los deseos, valores, creencias y gustos del político ocultan su historia en la actuación pública. O sea, hay un divorcio entre poder y responsabilidad. La forma más seria de dorado es la recontextualización. Por ejemplo en el caso de la inmigración se presenta a trabajadores que se encargan de tareas que los locales no harían (limpieza de hospitales, barrido de calles) como si buscaran asilo sin aportar nada. En EEUU, Samuel Huntington presenta a los inmigrantes mexicanos con una lealtad dividida hacia ese país y el de origen, como reacios a la cultura cívica y protestante norteamericana. También se presenta a la inmigración como la responsable de la pérdida de trabajo, lo cual tiene un sentido imaginario (nadie en Europa o EEUU limpiaría las calles). En política, plataforma y marca se complementan creando un clima de "narcisismo de la pequeña diferencia". En política la adjudicación de una marca puede conducir a la pérdida del juicio realista y abrir una puerta al prejuicio.

LA MADERA RETORCIDA QUE ES LA HUMANIDAD → El nuevo orden no es progresista porque el consumidor y las empresas están convencidos de que nada es suficiente. El malestar ante la realidad debería ser progresista. Pero la lección que los políticos aprenden de las instituciones de vanguardia tiende a ser negativa, ignora la experiencia de la vida cotidiana. Por ejemplo, en EEUU una reforma, que pretendía sustituir en el sistema de salud la actividad de diagnóstico cara a cara por un sistema de búsqueda informática, fracasó al ignorar la experiencia cotidiana de pacientes y médicos. El problema había sido tratar al paciente con mentalidad de empresario. Mientras en la Revolución Francesa, los revolucionarios atacaban la realidad de la vida cotidiana en su afán de "enderezar la madera retorcida" la reforma moderna es desinteresada, desprecia la vida cotidiana porque parece puramente provisional.

LOS CIUDADANOS DEJAN DE PENSAR COMO ARTESANOS → A la falta de atención de los responsables de la política se suma el retiro del compromiso ciudadano cuando los problemas políticos se vuelven complejos. Mientras el experto poco expresivo aburre, la personalidad brillante gana votos. El artesano no sólo es un técnico, quiere saber porque las cosas no funcionan. En el consumo es difícil pensar como artesano, el usuario no tiene que molestarse en saber como funciona un auto o una computadora. Pero la comodidad del usuario perjudica a la democracia. Esta requiere de ciudadanos dispuestos a hacer un esfuerzo para descubrir como funciona el mundo. El ciudadano artesano haría un esfuerzo de averiguación. Cuando la democracia se articula según el patrón de consumo la voluntad de saber se desvanece (como los partidarios de la guerra de Irak que son incapaces de localizar ese país en un mapa).La economía crea un clima que impide que el ciudadano piense como artesano. El trabajo flexible impide que el trabajador se involucre en algo al aparecer como encerrado en si mismo, con objetivos estrechos. La tecnología opera contra el compromiso. La abundancia de información que genera la tecnología amenaza con volver pasivos a sus receptores. El exceso estimula la desconexión. Grandes cantidades de datos dan lugar a un hecho político: el control de información se centraliza. Pero en las instituciones con el modelo MP3, se centraliza, se ordena y se hace circular grandes cantidades de datos sin filtrar, el receptor tiene menor capacidad de reacción y termina por desvincularse de la información. Un texto mensaje tiene un lenguaje más primitivo que la conversación; en la tecnología se eliminan los silencios, la duda y la objeción, es decir se elimina la comunicación con reciprocidad.

LA PERDIDA DE CONFIANZA EN LA POLÍTICA Y LOS POLÍTICOS → Muchos políticos acusan de cinismo al público, pero no pueden ganar confianza al modo que lo hacen las empresas. Por ejemplo el Partido Laborista, luchando por desprenderse de su pasado socialista, trató de modelarse al estilo de las empresas de avanzada. Una vez en el poder empezó a desarrollar reformas que se modificaban cada año. Esta sucesión incesante de reformas mermó la confianza del público. Para éste, el gobierno carecía recompromiso con sus propias políticas. En lo único que el Partido Laborista mantuvo confianza fue en política económica, menos fértil pero más estable. Las prácticas tomadas de las empresas de vanguardia generan "inseguridad ontológica", el temor de lo que puede ocurrir sin que haya amenaza alguna. El laborismo predisponía esta ansiedad aunque sus políticas fueran efectivas. Para el público los progresos no eran tranquilizadores. Si se puede considerar progresista al modelo británico, sus beneficiarios creen cada vez menos en él. Esto se puede explicar en términos de consumo: el laborismo se ha comportado como lo harían consumidores de políticas, abandonando sus reformas una vez aplicadas. Esta pasión por el consumo quiebra la confianza en el gobierno, el público no puede dar crédito al responsable político que toma una decisión y luego se desentiende. En la política y las empresas predomina el corto plazo, las formas lentas de crecimiento resultan sospechosas.

Estas son las cinco razones por las que el nuevo modelo institucional no alienta la política progresista. La pasión por el consumo altera la vida institucional a través del concepto meritocrático y el yo idealizado, huyendo del largo plazo. Se creó una cultura que celebra el cambio personal pero no el progreso colectivo, que se debe inspirar en relacione sostenidas y experiencia acumulada. La deriva no progresista de la nueva cultura reside en su manera de remodelar el tiempo.

Sennett, Richard

LA CORROSIÓN DEL CARÁCTER

El autor expone el cambio del concepto trabajo y la profunda huella que deja en las personas el nuevo capitalismo a través de investigaciones sociológicas, entrevistas personales y el análisis realizado a personas reales de diferentes profesiones y épocas: obreros panaderos, programadores altamente especializados, a un joven y exitoso ejecutivo (Rico) y su padre (Enrico) y la experiencia de Rose. En todo momento nos muestra dos formas muy distintas de trabajo: el fordismo y el post-fordismo, y consecuentemente también de vida y de pensamiento.

Compara las ventajas y desventajas de la seguridad, de la rutina y de la flexibilidad en el trabajo llegando a plantear que el mayor problema que produce la flexibilidad es la incapacidad de las personas a la hora de transmitir valores esenciales en sociedad a través del ejemplo de Rico y Enrico.

En segundo lugar, expone el ejemplo de una panadería y de los obreros panaderos que trabajaron en ella para explicar el carácter ilegible del trabajo que los conducía a la falta de apego a su profesión que a la vez causa a las personas una falta de conocimiento sobre su posición social, y sobre cómo modificar esa posición.

En tercer lugar, el autor plantea el choque cultural que padece Rose cuando deja el bar donde trabajaba y accede a trabajar en una prestigiosa agencia de publicidad en la cual Rose estaba muy ilusionada por entrar para hacer algo interesante en su vida y la que al poco tiempo deja para volver a su rutina que le proporciona seguridad y estabilidad.

En cuarto lugar, el autor habla de la ética del trabajo, afirmando que en la moderna ética del trabajo se centra en el trabajo en equipo a diferencia de la antigua ética del trabajo que se fundaba en el uso disciplinado del tiempo autoimpuesto y que le da sentido a su vida, como ejemplifica con el caso de Enrico o los panaderos.

En quinto lugar, el autor expone el miedo de las personas al fracaso y cómo influye negativamente en la sociedad a través del caso de la compañía IBM. Podemos observar cómo al perder un trabajo una persona se siente fracasada pues su vida, integración y posición social se vuelve confusa.

PRÓLOGO

El autor sostiene que con el término "CAPITALISMO FLEXIBLE", se hace hincapié en la flexibilidad para atacar a la burocracia y a la rutina. En este sentido, se afirma que éste término le da más libertad a la gente para formar su vida. Entonces, EL PODER DE ÉSTE NUEVO CAPITALISMO ES CONFUSO. Asimismo, SE DEFORMA EL SIGNIFICADO DE TRABAJO perdiendo su continuidad, los empleados se trasladan de un trabajo a otro y el individuo realiza fracciones de trabajo a lo largo de su vida.

LA FLEXIBILIDAD PROCURA ATENUAR LA PRESIÓN DEL CAPITALISMO Y AFECTA EL CARÁCTER, LA EXPERIENCIA EMOCIONAL YA QUE PONE EN DUDA LA DURACIÓN Y EL ALCANCE DE LOS VALORES, DE LAS LEALTADES Y DE LOS COMPROMISOS EN EL SISTEMA

CAPÍTULO 1   A LA DERIVA

El autor, para exponer su análisis sobre las consecuencias de la flexibilidad del capitalismo, recurre a un relato. Los protagonistas son Enrico (padre) y Rico (hijo).

ENRICO trabajaba de portero y su única meta A LARGO PLAZO era asistir a su familia. El y su mujer ahorraban para los estudios universitarios de sus hijos. En su generación, EL TIEMPO ERA LINEAL Y LOS FRUTOS ERAN ALMACENADOS, raramente había sobresaltos en lo cotidiano. La generación de Enrico era posterior a la Gran Depresión y a la Segunda Guerra mundial. Para reservar tiempo Enrico necesitaba de una burocracia que repartiera el provecho del tiempo. Creó un relato dónde la experiencia se acumulaba, se convertía en autor de su destino. Solo se mudó una vez y la solidez de su experiencia radicaba en que era conocido de dos formas según el barrio en que estuviera (en el barrio de origen era reconocido como alguien que le había ido bien y en donde vivía era un vecino más). Dos reconocimientos que eran resultado del mismo y ordenado uso del tiempo. Lo que menos le gustaba era la gente de la clase media, porque creía que lo trataban como si no existiera. NO SOPORTABA LA IDEA DE QUE SU HIJO, RICO, REITERARA SU HISTORIA.

RICO se había recibido de ingeniero electrónico, HABÍA CUMPLIDO CON EL ANHELO DE SU PADRE de subir de estrato social. Rico era de los que se BURLABAN DE LOS CAUTIVOS DEL TIEMPO, de aquellos prisioneros de la burocracia. El se había mudado cuatro veces en catorce años. La última mudanza fue en beneficio de la carrera de su esposa, Janette. En su último trabajo (en Missouri), las inseguridades de la economía lo perjudicaron. Su empresa fue absorbida por una mayor y lo echaron, esa fue la causa de su última mudanza a un barrio residencial en las afuera de Nueva York. Había puesto una consultora. Tanto él como su esposa, TENÍAN MIEDO DE PERDER EL CONTROL DE SUS VIDAS, temor que radicaba en sus historias de trabajo. EL MIEDO DE RICO ESTABA VINCULADO CON EL CONTROL DEL TIEMPO, en su nueva consultoría tenía que encargarse de tareas de menor jerarquía (por ej. Sacar las fotocopias), estaba bajo el dominio de una gran trama de conexiones. RICO NO TENÍA UNA TAREA FIJA QUE DEFINIERA LO QUE HACÍA Y DE QUE ERA RESPONSABLE. Su miedo a perder el control iba más allá de lo laboral, radicaba en que LAS DECISIONES PARA SOBREVIVIR EN LA NUEVA ECONOMÍA DEJARÍAN A LA DERIVA A SU EXPERIENCIA EMOCIONAL. Los amigos que tuvo fueron los de los trabajos, que con los cambios se fueron perdiendo y en su nuevo barrio nadie era un testigo vitalicio de la historia de otro. Las amistades breves y los vecinos casi indiferentes eran la raíz de SU MÁS AGUDA PREOCUPACIÓN: SU FAMILIA. Lo que lo perturbaba era el temor de extraviar la disciplina ética, de que sus hijos andarán sin rumbo mientras que él estaba ocupado en su trabajo. Su miedo radica en no poder ofrecer a sus hijos su experiencia laboral cómo un ejemplo de comportamiento ético. Sin embargo, LAS CONDUCTAS DE UN BUEN TRABAJO NO SON LAS DEL CARÁCTER.

Ahora bien, el autor sostiene que los dirigentes de la economía, insisten en que el mercado global y la tecnología son las características del capitalismo. Sin embargo, ignoran otras extensiones del cambio, LAS NUEVAS FORMAS DE ORGANIZAR EL TIEMPO, en particular el tiempo del trabajo. El indicio más concreto es el emblema "NADA A LARGO PLAZO", que aplicado a lo laboral DESTRUYE LAS CONTINUIDADES DE LOS TRABAJOS Y LAS CALIFICACIONES ADQUIRIDAS. Las empresas procuraron convertirse en estructuras más flexibles, eliminando las burocracias y la estructura piramidal. Dónde los asensos, los despidos y las funciones no están pactados por patrones afianzados. Además, EL COMPROMISO, LA LEALTAD Y LA CONFIANZA SON DESGASTADAS POR ESTE LEMA. Las organizaciones a corto plazo reducen las posibilidades de que desarrolle una confianza informal, los vínculos sólidos perdieron su determinación. Es la PROPORCIÓN TEMPORAL de este nuevo capitalismo, lo que DESGASTA A LAS EXPERIENCIAS EMOCIONALES. El relato lineal de Enrico deja de ser funcional y para Rico las transformaciones materiales son disfuncionales como orientación del carácter.

Retomando el relato, Rico discrepaba con las características del trabajo flexible que trasladado al ámbito familiar demostraba carencias en la orientación de la educación, hace surgir la autoridad. La dificultad radicaba en cómo defender las relaciones para que no murieran en los comportamientos a corto plazo, la familia tenía que estimar la honradez y el compromiso.

RICO SE OPONE AL TIEMPO LINEAL, a la drástica experiencia que él había soportado bajo la autoridad de su padre. LA INCERTIDUMBRE Y EL CAMBIO SON LUCHAS DEL TRABAJO. Pero esta flexibilidad no le fue útil a Rico en su rol de padre que deseaba sostener las relaciones sociales y una orientación a largo plazo. Su anterior despido escapaba a su control y se hacía responsable de todas las veces que se había mudado. Pero con esta responsabilidad quería que se lo considerara responsable de su carácter y la flexibilidad lo había impulsado a sostener que es la voluntad la naturaleza de su ética. Rico se centraba en no perder el control, en NO PERMITIR QUE SE DESGASTARAN LAS CARACTERÍSTICAS DE SU CARÁCTER. Sin embargo, CON LA FLEXIBILIDAD SU VOLUNTAD FUE PARALIZADA. Lo que no tiene Rico es un relato que organice el tiempo. Mientras que Enrico tenía un relato lineal de su vida, RICO VIVE EN UN MUNDO FLEXIBLE Y DE CAMBIOS A CORTO PLAZO DONDE NO QUEDA LUGAR PARA UNA NARRACIÓN.

Cambio representa a la deriva, la experiencia queda a la deriva del tiempo. En el nuevo capitalismo la corrosión del carácter se vuelve irremediable. "nada a largo plazo" confunde la acción planificada, separa las relaciones de confianza y compromiso, los vínculos que unen a las personas

CAPÍTULO 2   RUTINA

SE APELA A LA RUTINA PARA UNA MAYOR Y MEJOR PRODUCCIÓN. LA RUTINA SURGE EN TODOS LOS SECTORES COMO UNA DEGRADACIÓN DE LAS PERSONAS Y COMO UNA FUENTE DE IGNORANCIA. INVALIDA TODA SENSACIÓN DE PERTENENCIA A UNA NARRACIÓN HISTÓRICA MÁS AMPLIA QUE LA DEL PROPIO TRABAJO

A MEDIADOS DEL SIGLO XVIII, LA RUTINA era considerada de dos formas muy diferentes. Para DIDEROT ERA PRODUCTIVA, LA CONSIDERABA COMO EL "ARTE" DE MEMORIZAR. Para SMITH ERA DESTRUCTIVA, LA RUTINA DESGASTABA LA MENTE DEL TRABAJADOR. Diderot en la "Enciclopedia", procura justificar la dignidad del trabajo y de la rutina, a través del diseño de los gráficos la idealiza. La fábrica de papel, *L´Anglée*, está dibujada como si fuera un castillo. Esta fábrica representa la separación de la casa del lugar de trabajo. Dentro de la fábrica se visualiza el orden y la clave de este orden son las rutinas. Todo tiene un lugar inmóvil y todos saben cuál es su tarea. Ahora bien, Diderot sostiene que la rutina no era una simple repetición mecánica sino que la repetición tenía el arte de memorizar. Entonces, EN LA RUTINA DE FABRICAR PAPEL SE EXPERIMENTABA UN DESARROLLO INSISTENTE, dónde se prosperaban nuevas prácticas, dónde se jugaba con el material y se aprendía a variar el proceso mismo. Sin embrago, el autor sostiene que esto es sólo un ideal. Diderot no demuestra un ámbito sucio de trabajo, ni empleados enfermos y distorsiona totalmente como era la preparación de la pasta de papel en el siglo XVIII.

Para Adam SMITH, la rutina IGNORA CUALQUIER RELACIÓN ENTRE EL TRABAJO Y LA REPETICIÓN COMO ARTE. Sostenía que el libre movimiento de capitales, bienes y trabajadores había impulsado una especialización cada vez más importante del trabajo. El ejemplo de Smith es el de una fábrica de clavos, la fábrica también está separada de la casa y considera que ésta es una de las más importantes divisiones del trabajo. En ésta fábrica, cada trabajador tiene una sola función, esta rutina es terrible. Con la invención del reloj de bolsillo, el tiempo deja de depender del espacio y divide las horas de trabajo y las de la comida. Ésta fábrica de clavos se transforma en un lugar funesto, dónde las tareas se vinculan a la parte de un clavo, dónde se realiza la misma porción de trabajo durante la jornada. En consecuencia, la rutina se torna autodestructiva, LOS TRABAJADORES NO CONTROLAN SUS ESFUERZOS y la ausencia del dominio del tiempo de trabajo desintegra la mente de cada trabajador. El obrero se torna estúpido e ignorante y LA RUTINA ACALLA LOS ORÍGENES DEL CARÁCTER HUMANO. La rutina INHIBE TODA ESPONTANEIDAD, toda solidaridad, en tanto, escapa del control de los sentimientos. El carácter se conforma por la historia y por sus caudales imprevisibles y la rutina invalida muchos elementos de la edificación de la historia personal. Entonces PARA ELABORAR EL CARÁCTER ES NECESARIO DESTRUIR A LA RUTINA.

Las preocupaciones de Smith se representan EN EL SIGLO XX CON EL FORDISMO. Antes del fordismo la industria automotriz era fundamentalmente artesanal, los trabajadores eran muy calificados y sus funciones no estaban determinadas a rajatabla, contaban con la ventaja de una gran independencia. Con el fordismo se benefició el empleo de los OBREROS ESPECIALIZADOS QUE REALIZABAN OPERACIONES QUE NO NECESITABAN GRANDES ESFUERZOS DE PENSAMIENTO, perjudicando así a los artesanos especializados. Por otra parte, TAYLOR sostenía que la maquinaria de una empresa podía ser muy compleja pero que no hacía falta que los obreros la entendieran, ya que cuanto menos se "entretuvieran" más eficaz sería su trabajo. Los estudios de Taylor basados en la relación tiempo/movimiento, CRONOMETRARON EN MILÉSIMAS DE SEGUNDOS EL TIEMPO QUE SE EMPLEABA PARA PONER UNA PIEZA DE UN AUTO.

Los estragos de la RUTINA tuvieron su APOGEO EN LA GENERACIÓN POSTERIOR A LA SEGUNDA GUERRA MUNDIAL. Daniel Bell analizó este problema en otra fábrica de autos

(General Motors de Willow Run). Ésta empresa tenía 1 Km. de largo y medio Km. de ancho, dónde estaban todos los materiales para fabricar automóviles, sólo podía funcionar a través de reglas rigurosas. Ésta fábrica funcionaba bajo tres principios. LA LÓGICA DEL TAMAÑO, que al concentrar todos los elementos en un solo lugar ahorraba energía y transporte y se fusionaba la fábrica con las oficinas. LA LÓGICA DE LA JERARQUÍA, los técnicos y los directores estaban lo más alejados posibles de las maquinarias, se perdía contacto físico con los obreros. LA LÓGICA TAYLORIANA DEL TIEMPO MÉTRICO, por la cual se estimaba el tiempo con el fin de que los directores estuvieran al tanto de lo que cada trabajador hacía en un determinado momento. Pero esta lógica se transformó en la generación posterior a la Segunda Guerra mundial en una zona en la cual los trabajadores podían hacer respetar sus reclamos y adquirían poder. Entonces, para protegerse de éstos cambios LOS TRABAJADORES RUTINIZARON EL TIEMPO, COLOCANDO SUS AHORROS EN COOPERATIVAS.

En la actualidad el nuevo lenguaje de la flexibilidad dice que la rutina se está eliminando en las zonas más dinámicas de la economía, pero la mayoría del trabajo sigue bajo el dominio del fordismo. Incluso el uso de computadoras genera trabajos rutinarios

Ahora bien, el autor sostiene que si pensáramos a la rutina como indigna, agrediríamos el origen del proceso de trabajo.

Podríamos considerar que las personas promueven una experiencia más flexible y creen en las virtudes de la espontaneidad. Sin embargo, quedaría pendiente el interrogante sobre si la flexibilidad solucionaría el problema de la rutina o como podría engendrar a un individuo más comprometido, suponiendo que la rutina atenuara el carácter.

CAPÍTULO 8   EL PRONOMBRE PELIGROSO

SENNETT EXPONE QUE EL "NOSOTROS" ES UN PRONOMBRE PELIGROSO, PORQUE LO UTILIZAMOS PARA PROTEGERNOS DENTRO DE UN GRUPO Y DISCRIMINAR A OTROS GRUPOS QUE QUEDAN FUERA DE ÉL

También plantea que los humanos somos sociales pero que vivimos en una sociedad que refuerza el individualismo y que nos hace considerar la dependencia de otro como algo vergonzoso.

De acuerdo con algunos autores, existiría una NUEVO CAPITALISMO LIBERADO DE LAS ATADURAS GEOGRÁFICAS: una empresa puede tener una fábrica en México, una oficina en Bombay y un centro de comunicaciones en Manhattan, como puntos de una red global.

Sin embargo, PARA SENNETT LA ECONOMÍA NO ES TAN INDIFERENTE A LA GEOGRAFÍA: IBM, por ejemplo, está demasiado arraigada en su red de proveedores y distribuidores como para irse de EE.UU. Es más, aún en los mercados más flexibles como los del Sudeste asiático, la geografía social y cultural siguen pesando: EL LUGAR TIENE UN PODER.

Para controlar los mecanismos del neocapitalismo que viene desde afuera es importante preguntarse QUÉ VALOR TIENE UNA

EMPRESA PARA LA COMUNIDAD en la que opera.

Un lugar se vuelve comunidad cuando la gente usa el "nosotros", no como una mera coincidencia en el lugar geográfico, sino como un apego personal basado en creencias y prácticas compartidas cotidianamente.

Una de las consecuencias no buscadas por el capitalismo moderno es la REVALORIZACIÓN DE LUGAR Y DEL DESEO DE COMUNIDAD.

¿Por qué? Porque el capitalismo está generando la incertidumbre de la flexibilidad laboral, la ausencia de confianza y compromiso, la superficialidad del trabajo en equipo y el fantasma del desempleo.

EN ESE CONTEXTO, EL "NOSOTROS" ES UN ACTO DE AUTOPROTECCIÓN, DONDE EL DESEO DE COMUNIDAD ES DEFENSIVO. Y EN ESE DEFENDERSE, SE PUEDE LLEGAR A RECHAZAR, POR EJEMPLO, A LOS INMIGRANTES

EL "NOSOTROS" ES, ASÍ, UNA FALSA LOCUCIÓN CONTRA EL MUNDO EXTERIOR. ES UN "NOSOTROS" FICTICIO, UNA REACCIÓN DEFENSIVA CONTRA LA NUEVA Y VIGOROSA FORMA DE CAPITALISMO

EN ESE MARCO, ESE "NOSOTROS" ES UN PRONOMBRE PELIGROSO PORQUE PUEDE LLEVAR A ACTITUDES AGRESIVAS HACIA OTROS

Mientras que la idea el vínculo social se basan en la sensación de dependencia mutua, EL NUEVO ORDEN SOCIAL TRATA A LA DEPENDENCIA DE OTROS COMO ALGO VERGONZOSO.

El ataque al Estado de Bienestar comenzó con el neoliberalismo anglosajón, pero se extendió luego a otros países, imponiéndose la IDEA DE QUE LOS QUE DEPENDEN DEL ESTADO NO SON PERSONAS INDEFENSAS SINO PARÁSITOS SOCIALES.

Así, "la ideología de parasitismo social es una potente herramienta disciplinaria en el lugar de trabajo; los trabajadores quieren demostrar que no se están alimentando del esfuerzo de otros."

Sin embargo, el psicólogo John Bowlby plantea que una persona independiente también depende de los demás. Además, en sociedades como la india o la japonesa la dependencia es bien vista. Incluso en los albores del capitalismo se valoraba la confianza en las relaciones comerciales como producto del reconocimiento de dependencia mutua. En síntesis, UNO SOLO NO SE BASTA PARA SOSTENERSE A SÍ MISMO.

Incluso en EE.UU., la tasa de cuentapropismo se mantuvo en un 8,5 % durante las últimas cuatro décadas.

LA VERGÜENZA DE SER DEPENDIENTE EROSIONA LA CONFIANZA Y EL

COMPROMISO MUTUOS Y AMENAZA CUALQUIER EMPRESA COLECTIVA

En IBM, durante los años en que se reducía personal, la empresa le decía a los empleados que quedaban que ya no eran hijos de la empresa, que ahora estaban solos. Esto provocaba una gran falta de confianza. Era un doble mensaje: por un lado, todos en la crisis remamos juntos; pero, por el otro, "si no te cuidás, prescindiremos de vos".

Cuando la gente se avergüenza de sentir necesidad de los otros, de pender de un hilo en su trabajo por ejemplo, se torna más desconfiada de los demás. Por eso, quienes tienen aún algo que perder acusan de parásitos a los que reciben alguna ayuda del Estado, y éstos sienten rabia contra aquellos.

El sociólogo Lewis COSER, en *Las funciones del conflicto social*, plantea que EL CONFLICTO FORTALECE A UNA COMUNIDAD. ¿En qué sentido? En el sentido de que la gente aprende a escucharse entre sí, comprendiendo con mayor claridad las diferencias.

NO HAY COMUNIDAD, DICE COSER, HASTA QUE NO SE RECONOZCAN LAS DIFERENCIAS EXISTENTES EN SU SENO

"Los vínculos fuertes entre la gente implican un compromiso con sus diferencias por encima del tiempo", dice Sennett. Lo mismo ocurre con la democracia deliberativa: une más a la gente que una mera declaración de principios.

La comunidad se fortalece con el tiempo decía Diderot en la *Enciclopedia*. Y Anthony Giddens pone el acento en el hábito.

En síntesis, la idea es aquí que LA COMUNIDAD SE FORTALECE CON LOS CONFLICTOS.

Una cosa es el *maintien de soi*, mantenimiento de sí mismo, y otra la *constance à soi*, la FIDELIDAD A SÍ MISMO: Emmanuel Levinas dice que es mejor la segunda porque tiene un aspecto social: ser responsable con otras personas: "…mi sensación de valoración depende de que los otros puedan confiar en mí o no".

Paul Ricoeur dice que "porque alguien depende de mí, soy responsable de mi acción ante el otro".

EL CAPITALISMO, EN CAMBIO, IRRADIA INDIFERENCIA: NO HAY RAZÓN PARA SER NECESITADO

Cada vez más, la sensación es que no importamos como personas, que no nos necesitan.

En realidad EL CAPITALISMO SIEMPRE FUE ASÍ. Lo que ocurre es que "la indiferencia del viejo capitalismo de clase era crudamente material; la indiferencia que irradia el capitalismo flexible es más personal porque el sistema mismo está menos marcado…"

Las redes y los equipos del nuevo capitalismo generan una sensación de ser descartables, intercambiables, no necesitados. Es lo que le ocurre a los trabajadores de mediana edad despedidos.

EL PROBLEMA DEL CARÁCTER EN EL CAPITALISMO MODERNO ES QUE HAY HISTORIA PERO NO ES UN DESTINO COMPARTIDO. POR LO TANTO, EL CARÁCTER SE CORROE: a la pregunta de "¿Quién me necesita?", el capitalismo no le da respuesta.

Para los poderosos que se reúnen en Davos el "nosotros" también es peligroso: temen que los sindicatos recobren fuerza y enfrenten organizadamente a la clase capitalista. Por eso prefieren que los que "se quedan atrás" no hagan carrera, que no tengan caminos duraderos.

Sennett piensa que más que movimientos de resistencia de masas, lo que se dan son cambios individuales, de personas que responden a sus necesidades interiores.

Como sea, "...un régimen que no proporciona a los seres humanos ninguna razón profunda para cuidarse entre sí no puede preservar por mucho tiempo su legitimidad."

www.ingramcontent.com/pod-product-compliance
Lightning Source LLC
Chambersburg PA
CBHW071241240726